L'EDUCATION POLITIQUE



# HISTOIRE D'UN IDÉAL

PAR

JOSEPH REINACH

DÉPUTÉ

PARIS

LÉON CHAILLEY, ÉDITEUR

41, RUE DE RICHELIEU, 41

1896

L'ÉDUCATION POLITIQUE

# HISTOIRE D'UN IDÉAL

L'ÉDUCATION POLITIQUE

---

# HISTOIRE D'UN IDÉAL



PAR

JOSEPH REINACH

DÉPUTÉ

PARIS

LÉON CHAILLEY, ÉDITEUR

41, RUE DE RICHELIEU, 41

—

1896

# HISTOIRE D'UN IDÉAL

## I

Pendant les premières années de la République, les jeunes gens qui entraient dans la vie politique y portèrent une âme pleine de foi et de belles ambitions. Cette jeunesse eût pu être, à bon droit, soucieuse et triste, ayant assisté, à peine au sortir de l'enfance, à une avalanche effroyable de désastres et à l'effondrement de la patrie. Elle marchait au contraire d'un pas alerte sur la terre à peine libérée de l'envahisseur, cruellement mutilée à l'Est et toute fumante encore des ruines de la guerre civile. C'est le propre des grands événements d'élever les cœurs; nos pensées planaient très haut. Nous étions d'autant plus épris de gloire que nous avions été témoins de plus de défaites et d'humiliations. Nous nous sentions marqués par le destin pour être les vengeurs du droit opprimé par la force, les ouvriers d'un avenir aussi splendide qu'avait été lugubre la nuit dont nous sortions.

Comme leurs aînés qui étaient mêlés dans l'Assemblée souveraine de Versailles ou dans la presse aux luttes quotidiennes de la politique, ces jeunes gens étaient divisés sur la question du régime qui rendrait à la France sa place dans le monde. Les uns évoquaient la Royauté avec la certitude qu'elle referait la France puisque c'était elle qui l'avait faite; la vertu presque magique du principe républicain était pour les autres article de foi. Mais tous, au lendemain du grand silence de l'Empire, aimaient ardemment la liberté; et tous encore, assurés que la paix qui avait ratifié le démembrement ne serait qu'une trêve, se voyaient déjà plantant de nouveau le drapeau national sur Metz et sur Strasbourg affranchis.

Les hommes mûrs, bien qu'ils eussent connu des déceptions amères, entretinrent d'abord notre enthousiasme et attisèrent avec soin le feu qui brûlait en nous. Loin de nous faire entendre les conseils d'une sagesse sceptique, ils nous excitaient, un peu par calcul, parce qu'ils faisaient entrer l'élan de notre jeunesse comme une force heureuse dans leurs projets plus lents et plus réfléchis d'avenir; mais aussi parce que, sous leurs cheveux blanchissants, ils étaient restés plus chauds d'esprit et de cœur que les meilleurs d'entre nous ne le sont aujourd'hui.

Ces croyances de notre jeunesse étaient donc bonnes et généreuses; c'est notre plus juste cause de fierté, dans le matérialisme d'une longue paix où nous sommes enlisés, que d'en avoir tressailli. Certes, nous avions le tort de ne pas compter avec la réalité des choses, de prendre nos espérances pour des droits, d'attendre de nos principes des résultats parfaits et quelque chose d'absolu. Pourtant, cette confiance dans « la justice immanente », ce dédain ou cette ignorance des obstacles, c'était une force. Seulement, il eût fallu que cette force pût prendre à temps tout son essor; et celle qui était en nous a été retenue trop longtemps; elle s'est perdue sur place ou elle a été détournée de son but. C'est le sort commun de toutes les générations, depuis le commencement de l'histoire, de voir se rétrécir autour d'elles, à mesure qu'elles avancent dans la vie, l'horizon infini qui les tentait. Mais aucune, alors précisément qu'elle aurait dû être tenace entre toutes, ne s'est résignée plus tôt que la nôtre à limiter ses ambitions. Ayant trouvé que la gloire méritée par la noblesse de ses espérances était lente à venir, elle s'est arrêtée après les premières fatigues et les premiers efforts qui lui semblèrent insuffisamment récompensés.

Nous avions aux pieds les bottes de sept lieues; nous les avons déchaussées parce que l'heure de conquérir le monde tardait à sonner; et nous nous sommes assis au bord du chemin.

Evidemment, l'idéal politique est très loin de la réalité. Mais la vérité scientifique elle-même ne recule-t-elle pas d'autant plus que nous nous élevons davantage vers elle? En conclura-t-on qu'il faut renoncer à la poursuivre? C'est par là précisément que la raison haute se distingue de la raison vulgaire. Elle laisse à sa place dans le ciel le but que la confiante jeunesse se flattait d'atteindre d'un coup d'aile : il est fâcheux que la route aérienne ne soit pas accessible, il est dur de grimper à travers les rochers; mais il faut monter quand même. Au contraire, la raison et l'expérience vulgaires abaissent le but et font de la première étape le terme même de la route. Dès lors, l'élan du plus grand nombre se ralentit; bientôt, l'effort devient inférieur même à l'objet, relativement médiocre, qu'on se propose désormais.

Aussi la sagesse, surtout la sagesse politique, est de chercher toujours à relier l'idéal à la réalité. L'on ne fait rien d[illegible]rand qu'en aspirant à quelque chose de plus gran[illegible].

On dit qu'un peu de science éloigne de la religion et que beaucoup de science y ramène. Il en est certainement de même de ces prétendues illusions qui sont la foi dans l'humanité et le progrès, l'amour passionné de la liberté et de la gloire. La première expérience, un peu rude, de la vie publique nous les fait condamner comme des formules trompeuses; une expérience plus prolongée et plus intrépide fait reconnaître quelles sont les sources fécondes de l'action. Assurément, la foi ne se donne point; politique ou religieuse, quand le doute l'a ébranlée, elle ne redeviendra jamais, selon le mot de Bossuet, « cette pleine conviction de ce qui ne paraît pas » ; et c'est cette conviction de l'invisible qui est le soutien de l'espérance dans le combat. Mais, alors même qu'elle n'est plus que le reflet de la lumière première, pourtant ce reflet vaut mieux que l'ombre. Nous ne pouvons rien ou peu de chose contre le vent qui souffle sans se lasser sur nos flambeaux et qui les éteint souvent; cependant il faut les rallumer. Car c'est à leur clarté seule, à la lumière de nos rêves de jeunesse, que nous retrouverons le sens de notre destinée et la force de reprendre la route perdue.

## II

Voici donc quel a été le malheur de notre temps : il a constamment diminué son idéal. Cela lui est arrivé tantôt de sa propre faute, tantôt par la logique des choses, mais la descente a été continue. Avant même que la succession des années eût commencé à accomplir son œuvre inéluctable d'oubli, l'âpreté des luttes intérieures avait déjà ôté à l'ambition de reprendre les provinces perdues, l'exclusivisme impérieux qui est l'ossature des fortes pensées et sans lequel, incertaines et vacillantes, elles sont condamnées à dépérir. C'est par l'effort continu d'une unique pensée que la Prusse s'était relevée, au commencement du siècle, de désastres pires encore que les nôtres, et l'on nous citait tous les jours cet exemple. On oubliait seulement que la Prusse avait eu dans sa chute, plus profonde en effet que la nôtre, ce bonheur de pouvoir se serrer autour d'un gouvernement qui, plusieurs fois séculaire et incontesté, incarnait la patrie. Or, dix révolutions, depuis moins d'un siècle, avaient détruit en France cette arche de ralliement; et, quelles que fussent les vertus ou de la République ou de la Monarchie, aucune forme de gouvernement n'avait et ne pouvait plus avoir cette vertu, supérieure à toutes les autres, d'être incontestée. Il en résulta que la pensée de la France ne put se fixer sur cet objectif unique de restaurer ses frontières et que les rivalités politiques refoulèrent l'ambition patriotique qui aurait dû tout dominer. Les hautes visées nationales s'enfoncèrent dans un lointain toujours plus reculé.

C'était encore une tâche glorieuse que de fonder en France, après douze siècles de monarchie et au milieu de l'Europe monarchique, une République qui serait l'incarnation triomphante des idées de la Révolution. L'on n'imagine pas toutes les belles choses que nous voyions alors dans la République et qui étaient vraiment en elle, puisqu'elles étaient en nous. Elle nous apparaissait comme la forme de gouvernement la plus intellectuelle qui fut au monde, rayonnante de bonté fraternelle et de pitié, ignorante de la haine et de l'envie, aspirant à toujours plus de justice et s'élevant dans toujours plus de lumière, protectrice du seul mérite, naturellement dégagée de toutes les misères monarchiques de la faveur et de l'intrigue, faisant l'égalité par l'ascension, règne de la raison pure, à la fois athénienne, spartiate et romaine dans tout ce que Rome avait eu de plus fort, Sparte de plus vertueux et Athènes de plus exquis.

Pourtant, il fallut bien se demander si ce quelque chose qui, dans le mot de République, faisait battre nos cœurs, cette évocation et de la liberté philosophique du XVIII$^{e}$ siècle et des grandes formules de la Révolution, si c'était bien la réalisation de ces espérances que la démocratie attendait de la nouvelle Constitution ; et l'on crut s'apercevoir que la majorité des ouvriers, des paysans et des bourgeois n'en exigeait pas tant.

La démocratie a des vertus robustes ; elle est laborieuse, patiente, économe, honnête et généralement sensée ; elle n'est exempte ni de courage ni d'une certaine générosité ; mais elle est foncièrement matérialiste. Elle l'a été de tout temps et en tous pays ; elle l'était devenue encore davantage en France, depuis un demi-siècle, sous l'influence du plus extraordinaire développement industriel qu'ait connu le monde, au contact de la richesse tous les jours grandissante et par l'un des contre-coups inévitables du fléchissement des croyances religieuses devant le scepticisme envahissant. Que demande le paysan ? A bien vendre son blé. Que demande l'ouvrier ? Des salaires élevés. Que demande le bourgeois ? La sécurité pour ses affaires. Ce n'est point pour avoir proclamé la liberté de conscience et pour avoir formé son *Grand Projet* qu'Henri IV a été et est resté le plus populaire de nos rois ; c'est pour avoir promis la poule au pot. Or, la popularité et, précisément, cette popularité spéciale que le bien-être réalisé donne au gouvernement qui l'assure, le chef d'une monarchie absolue ou d'une aristocratie dans toute sa force peut s'en passer et la sacrifier à de grands desseins, mais elle est devenue pour les gouvernements démocratiques l'une des conditions essentielles de leur existence.

Ainsi, l'idéalisme républicain dut composer avec le matérialisme démocratique, sous peine de le rejeter vers l'Empire qui avait satisfait pendant dix-huit années à ses besoins et à qui il n'en voulait que de la guerre. Pourtant, si cette composition était nécessaire et même utile, il n'était pas indispensable que le principe supérieur se laissât absorber, ou même dominer par l'autre. Le parti républicain avait fait sagement de descendre de ses nuages et le nouveau régime ne se serait jamais implanté s'il n'avait apporté d'abord au pays une prospérité qui dépassa celle des années les plus grasses de l'Empire. Mais la vie matérielle n'est pas toute la vie ; après avoir, aux temps héroïques, fait une part trop large à l'idéal, il eût fallu la lui faire moins étroite aux jours de victoire. Il convient d'ailleurs d'observer que le progrès continu de la richesse, quand il ne trouve pas son contrepoids soit dans un sentiment religieux très profond, soit dans une haute ambition patriotique, ne tarde pas à devenir un danger pour cette richesse elle-même. Outre les périls particuliers que leur gloutonnerie fait courir aux intérêts, le spectacle qu'ils donnent développe nécessairement dans les couches inférieures du peuple d'âpres et bientôt violentes convoitises ; le socialisme révolutionnaire naîtra fatalement des appétits surchauffés.

Le poète a dit que la pente de l'Averne est facile : les républicains, à leur tour, y ont glissé trop vite. Toutefois, ce ne fut pas, du moins au début, sans des révoltes et sans un bel esprit de retour. S'ils se résignèrent à l'épaisseur du temps présent, ils cherchèrent à donner à la démocratie de l'avenir une autre âme, moins dominée par le souci des intérêts palpables et immédiats, et à préparer, pour succéder à l'avide troupeau des électeurs actuels, une génération de citoyens plus fiers. Ce fut la très courageuse et très noble inspiration des lois scolaires. Les créateurs de l'instruction primaire obligatoire eurent surtout le dessein de régénérer, non seulement l'intelligence, mais l'âme française par l'école ; leur pensée était toute patriotique. Mais ils opérèrent malheureusement en pleine bataille politique ; le violent assaut des anciens partis réconciliés par le clergé dans une haine commune de la République, les avait exaspérés ; ils ne surent pas s'élever au-dessus des fumées du combat et reconnaître cette vérité, pourtant historique et expérimentale, que l'école et l'église sont également nécessaires. Ce n'était pas cependant un homme de réaction, c'était un philosophe excommunié qui leur avait dit « qu'une nation ne peut pas plus se passer de l'une que de l'autre[1] ». Il eût fallu élever l'école à côté de l'église ; on a voulu construire l'une sur les ruines de l'autre ; et nous n'avons pas fini de payer les conséquences de cette fatalité.

## III

Les vainqueurs oublièrent ensuite le but qu'ils avaient proposé eux-mêmes à la victoire et qui est la réconciliation des combattants.

C'était l'une des pensées dominantes de Gambetta qu'on ne fait pas la politique de la même manière dans un pays dont le cadre des frontières est intact et dans un pays qui n'a pas toutes ses frontières [2]. On pouvait comprendre que les partis, entrés confusément dans l'arène après la guerre, se fussent disputé violemment l'honneur de faire prévaloir le régime de leur choix. Mais la Constitution une fois établie, la République votée et fondée, Gambetta disait qu'il serait « criminel et sacrilège » de donner au pays, au lieu du spectacle de l'union et de la force, un tableau qu'il proclamait effroyable « de vaines discussions et d'anarchie ». Pour trouver la raison de cette politique de pacification et de concorde, il suffisait de regarder à la trouée des Vosges.

[1] Renan. *Réforme intellectuelle*, p. 97.

[2] Discours du 26 novembre 1875, à l'Assemblée nationale.

Or, les royalistes, qui n'avaient pas su triompher de leur roi, fidèle obstinément au drapeau du passé, ne surent pas faire le sacrifice de leurs illusions, et les républicains qui avaient su vaincre, ne surent pas pardonner. Ils ne se réunirent qu'un jour, pour briser celui qui avait gagné la bataille et qui voulait faire l'Edit de Nantes des partis.

Sans doute, la République ne pouvait se contenter d'avoir inscrit légalement son nom sur le gouvernement de la France; d'autre part, les idées séculaires qui s'incarnent dans la monarchie ne sont point de celles qui abdiquent à la première défaite. Mais, précisément parce que la résignation était difficile aux uns, qui avaient derrière eux un règne si long et si glorieux, et que la modération était difficile aux autres devant qui s'ouvrait un avenir illimité d'espérances, l'œuvre de pacification n'était que plus nécessaire et n'eût été que plus belle. Il s'agissait d'ailleurs beaucoup moins de transiger sur des principes que de faire preuve de tolérance envers les personnes. D'autres, en d'autres temps, Henri IV, après les guerres de religion, Bonaparte, après la Révolution, avaient rencontré de plus grands obstacles qui ne les avaient point arrêtés. Mais s'il n'est point vrai que l'on n'aime qu'autant qu'on veut aimer, il est certain que les haines ne s'éteignent qu'autant qu'on veut les éteindre. Assurément, la division des partis offre aux ambitions vulgaires de grandes facilités pour le commerce politique; il n'est point malaisé de suivre un parti, de se laisser porter par lui, de servir ses convoitises et ses rancunes ; cependant le devoir patriotique est de faire passer le pays avant les partis, le tout avant la fraction ; le rôle d'un gouvernement de parti finit à l'heure même où il a remporté la victoire ; des lois de combat peuvent être nécessaires, mais c'est pour arriver à la paix ; et, de même, l'opposition loyale ne devrait soutenir ou repousser loin du pouvoir que les idées qu'elle appuierait ou qu'elle répudierait le jour où elle y parviendrait à son tour. La persistance de cette vue supérieure des intérêts généraux et du bien public suffirait à faire tomber les défiances et à réconcilier les esprits. Mais quelques nobles esprits eurent seuls ce sentiment de l'Etat ; la plupart des chefs ne semblèrent rien craindre autant que de voir finir la guerre dont ils vivaient ; loin d'accorder les concessions nécessaires, ils allèrent au contraire exagérant toujours leurs revendications. Les vainqueurs, qui auraient dû donner l'exemple en raison et de leur succès et de leur force, voulurent garder pour eux tout le butin, repoussèrent les convertis comme des intrus et gâtèrent par esprit de parti les meilleurs de leurs principes qu'ils traduisaient en lois ; les vaincus s'efforcèrent dès lors de ruiner des entreprises qui auraient dû réunir l'unanimité des Français, poursuivirent de calomnies sauvages les meilleurs des citoyens et s'associèrent aux plus détestables aventures. Ainsi, la République victorieuse, qui devait être le gouvernement de la France, préféra rester celui d'un parti, et les monarchistes vaincus, traités en parias, en prirent les mœurs. Mais leurs dépouilles mêmes les vengeront. Il n'est point d'habitude qu'une démocratie prenne aussi vite que celle de la guerre civile. Les républicains vont bientôt se disputer entre eux les lambeaux du pouvoir. Et la guerre des classes sortira de la guerre des partis.

Cette multiplication de la haine par elle-même avait déjà des précédents ; voici qui fut plus singulier. On avait vu jusqu'alors des partis vainqueurs qui offraient la paix aux vaincus ; on en avait vu qui les opprimaient et restaient armés jusqu'à leur écrasement définitif ; on vit, pour la première fois, avec le triomphe de la République, cette nouveauté d'un parti vainqueur refusant la paix à ceux des vaincus qui la demandaient, mais qui, continuant la guerre, démantelait lui-même la citadelle qu'il avait conquise, et donnait gratuitement aux plus implacables de ses ennemis des armes plus meurtrières et telles qu'il n'en avait jamais été employé pour reprendre le combat.

Il eût été périlleux de faire l'expérience de l'impunité de la presse dans un pays entièrement pacifié ; la liberté absolue de la parole et de la plume ferait germer la haine dans le temple même de l'Amitié et l'anarchie dans celui de la Concorde. Mais tenter cette expérience dans un pays divisé, en proie aux passions et travaillé de mille appétits violents, c'était un acte de pure folie. Les partis vaincus avaient désormais entre les mains de quoi rendre inhabitable la maison dont ils avaient été chassés.

## IV

Enfin, la notion du gouvernement fut abaissée par ceux-là mêmes qui avaient reçu le dépôt sacré du pouvoir.

On ne conteste point qu'une aristocratie intellectuelle puisse seule dégager, dans le domaine de la littérature et de l'art, les formes supérieures du beau. Par quel miracle en serait-il autrement des choses de la politique ? Ce miracle ne s'est jamais produit. La politique, comme la poétique, l'esthétique et la morale du peuple, est nécessairement primitive ; la foule, qui préfère naturellement le drame du boulevard à la tragédie, et les farces de foire à la comédie classique, commence par prendre pour la liberté la licence brutale de la parole ou des écrits ; ce qu'elle appelle instinctivement du nom d'égalité, c'est le nivellement à la façon de Tarquin, quand ce n'est point l'inversion des privilèges en sa faveur. Ses autres idées directrices étant à l'avenant, on voit sans peine à quelle conception générale et à quelles conceptions particulières de la politique elles doivent conduire. Un pays où le gouvernement, au lieu d'être délégué par le peuple à quelques-uns, serait exercé directement par le peuple lui-même, oscillerait, dans la plus lamentable vulgarité, entre les deux pôles de la tyrannie et de l'anarchie.

Le peuple assemblé dans ses comices ne serait capable de décider directement que des questions locales; les questions d'un intérêt général, qui sont complexes et ne peuvent être tranchées brutalement par un *oui* ou par un *non*, doivent être figurées par des personnes pour qu'il puisse se prononcer. Cela est déjà vrai des constitutions et des lois que les théoriciens du plébiscite n'ont jamais songé à soumettre en détail, article par article, c'est-à-dire sincèrement, à l'acceptation du peuple; une habile supercherie ne les a jamais présentées qu'en bloc, après avoir d'ailleurs à l'avance, selon le mot de Danton, décrété l'opinion publique, soit « par la solennité des discussions préalables d'une assemblée », soit par un coup de force qui a supprimé toute résistance. Mais la politique est autre chose encore qu'une constitution ou qu'un décret, ou qu'une série de lois.

Il s'agissait dès lors de savoir s'il sortirait ou non des nouvelles couches sociales une élite assez courageuse pour épurer les aspirations nécessairement confuses et parfois grossières du nombre, pour résister à ses entraînements, pour ne jamais incliner devant lui ni la raison ni la justice, en un mot pour le conduire. Tout le problème du régime républicain était là: conduirait-il la démocratie, ou se laisserait-il mener par elle? se mettrait-il à sa tête ou à sa remorque ? occuperait-il seulement le pouvoir ou serait-il un gouvernement ?

Le pays choisit librement ses représentants pour une durée de quatre années ; quel mandat leur donne-t-il ? Est-ce le mandat impératif de faire prévaloir au gouvernement, quelles que soient les circonstances, les idées qui animaient au jour précis de l'élection la majorité qui peut n'être que la moitié plus un ? Aucun despote d'Asie n'a jamais exigé de ses esclaves une aussi inintelligente servilité. Serait-ce de suivre les fluctuations du souverain anonyme qui est le nombre ? Mais comment les déterminer avec quelque certitude ? Et même si cela était possible, quel bateau ballotté par les vents contraires, ne suivrait pas une voie plus sûre qu'un tel gouvernement ?

Il faut donc que les assemblées élues et surtout que les pouvoirs qui sont issus de ces assemblées s'inspirent d'autre chose que de la volonté passagère de la majorité des citoyens qui étaient inscrits à telle date sur les listes électorales, ou des sautes de vent de l'opinion. En effet, la majorité accidentelle d'un corps électoral qui se modifie tous les jours, par la mort des uns, par l'évolution des autres, par l'avènement des nouveaux venus, cette majorité d'hier qui ne sera certainement pas celle de demain et qui n'est déjà plus celle d'aujourd'hui, n'est pas la nation ; la nation est un phénomène historique qui s'étend à la fois sur le passé et sur l'avenir ; et la volonté d'une heure, qui peut être la résultante d'une aspiration réfléchie, mais qui peut être aussi un caprice, ne saurait être supérieure au droit historique et philosophique qui s'impose à la nation elle-même. Dès lors, l'ambition d'un gouvernement doit être de représenter au pouvoir l'ensemble de la nation dans l'ensemble de ses intérêts généraux et permanents. Que le gouvernement du pays soit issu du droit divin, comme sous l'ancienne France, ou de la souveraineté nationale, comme dans la France contemporaine, gouverner est toujours la même chose : ce n'est pas obéir, c'est diriger.

Dans la monarchie absolue, le prince ne peut que deviner les aspirations du peuple, et il est libre de n'en pas tenir compte; dans la démocratie, le gouvernement en est plus sûrement informé par les élections dont il émane, par les mille manifestations de la presse, et il ne peut rien sans l'assentiment des corps élus. Mais cette nécessité ne dispense nullement le gouvernement démocratique de l'obligation d'avoir une pensée personnelle qu'il cherchera à faire prévaloir. Il puisera forcément quelques-uns des éléments de cette pensée dans les indications de la majorité du suffrage; mais il ne tirera pas sa conception politique de cette seule source. Si son rôle devait consister simplement à additionner les suffrages et à enregistrer les programmes, autant pratiquer tout de suite le gouvernement direct qui ne serait ni plus faible ni plus imprévoyant. En réalité, le peuple, dans le régime représentatif, n'exerce directement sa souveraineté que le jour du vote; il ne l'exerce même ce jour-là que pour la déléguer aux assemblées et, par les assemblées, au gouvernement. Or, cette délégation est un mensonge si elle ne veut dire : Guide-moi, conduis-moi.

Telle était la notion du gouvernement que professaient les républicains avant d'arriver au pouvoir; mais combien peu y restèrent fidèles ! Et ceux-là, assurément, qui ne s'arrêtaient point à chaque pas pour interroger les électeurs ou demander leur inspiration aux partis parlementaires, mais qui regardaient la France devant eux, ceux-là connurent souvent l'impopularité dans toutes ses tristesses, parce que la démocratie est encore trop ignorante pour comprendre autre chose, à première vue, que son intérêt immédiat, et que les intérêts supérieurs du pays en sont presque toujours différents. L'intérêt immédiat consiste, par exemple, à ne pas dépenser des hommes et de l'argent pour des expéditions lointaines; mais l'intérêt supérieur de la France était de prendre sa part dans la conquête des débouchés d'outre-mer où se précipitait le vieux monde occidental. Si la conception politique du gouvernement avait été identique à celle du nombre, c'est l'Italie qui serait aujourd'hui à Tunis et l'Allemagne au Tonkin. La démocratie, en effet, ne fut pas moins défavorable, dans son ensemble, à ces conquêtes qu'elle ne l'avait été, cinquante ans auparavant, à celle de l'Algérie, d'où l'Angleterre, sans l'initiative de Charles X, dominerait aujourd'hui la Méditerranée. Ainsi ces entreprises coloniales n'ont pu être poursuivies, à l'origine, que par des voies détournées ; il fallut presque mentir à la démocratie pour engager la plus grande œuvre qui ait été accomplie sous la République. Au contraire, par qui fut perdue l'Egypte? Ce fut par ceux qui avaient proclamé humblement et qui mirent en œuvre la politique de la déférence.

Il semblait que cette dure leçon aurait dû être comprise ; il n'en fut rien. Bien que le suffrage universel finisse presque toujours par rendre justice à ceux dont la vision plus claire et plus haute de l'intérêt général et permanent n'a point craint de s'affirmer contre sa conception obscure et rudimentaire de intérêts contingents, la plupart de ceux qui avaient reçu mission de diriger le pays trouvèrent plus commode de suivre la majorité numérique dans ses volontés passagères. A quoi bon travailler à se faire une opinion quand il est si facile de la recevoir de la majorité? A quoi bon chercher à se faire un jugement sur ce qui est utile à l'Etat quand il suffit de compter les voix? *Stat pro ratione numerus*, a dit un jour le prince de Bismarck, avec sa terrible ironie, de cette toute-puissance du suffrage et des parlements. La faveur momentanée des foules parut préférable à la reconnaissance définitive de la nation. L'une ne va souvent qu'à des tombeaux ; on jouit de l'autre. Le vieux mot profond de « conducteurs de peuple » fut dénoncé comme une prétention insolente et comme une aspiration à la dictature. La garde nationale nommait ses chefs, mais du moins, une fois qu'elle les avait élus, elle recevait d'eux sa direction. La démocratie, qui demandait seulement à nommer ses chefs, fut persuadée par ses élus qu'elle avait le droit de leur commander. Le pouvoir sans l'initiative est un office de commis; nul homme un peu fier ne voudrait de ce gouvernement à la sonnette : mais que risque un laquais qui sait l'art de deviner les caprices de son maître et qui les exécute ponctuellement? Il a toutes chances de voir augmenter ses gages.

La théorie du roi qui règne et ne gouverne pas était déjà dangereuse sous la monarchie constitutionnelle; elle s'étendit, sous la République, comme une tache d'huile. Régner est doux, gouverner est difficile. Presque tous ceux qui avaient une responsabilité se contentèrent de régner. Le chef de l'État d'abord, qui ne gouverna plus du tout; puis les ministres qui abandonnèrent le gouvernement aux assemblées; enfin les assemblées, qui ne cherchèrent qu'à deviner les préférences du peuple. Alors la presse s'empara du pouvoir directeur qui était vacant; mais comme elle-même n'avait pas moins besoin de ses lecteurs que l'assemblée de ses électeurs, ce fut bientôt cette entité qu'on appelle l'opinion qui dicta la loi; et l'on en viendra à regretter la tyrannie du nombre qui est au moins un fait certain.

## V

Rien ne fait mieux comprendre la constante nécessité d'un idéal politique que la rapidité avec laquelle sont entraînés ceux qui s'en éloignent. En politique comme en physique, à mesure que la distance affaiblit la puissance de l'attraction d'en haut, l'attraction d'en bas s'exerce avec plus de force. On croit pouvoir faire à la démocratie telle concession qui paraît utile ou simplement inoffensive, mais qui n'en est pas moins une première atteinte soit à la justice soit à la liberté : cette concession en entraîne une autre, et puis une autre, et l'on glisse en pleine démagogie. L'on se résigne à ne pas poursuivre la réconciliation des anciens partis, bien que l'intérêt supérieur de la nation la commande; le pays s'accoutume à l'esprit de guerre civile, et, pis encore, à l'esprit de guerre sociale ; l'air même, surchargé de haines, de défiances et d'envie, devient irrespirable. Le pouvoir abdique sa mission propre qui est de gouverner; mais du jour où il s'est contenté de vivre, il a tari lui-même les sources de sa propre vie; l'instabilité ministérielle ne suffit plus à l'anarchie parlementaire, et pour qu'un chef de l'Etat républicain meure à son poste, il faudra qu'il soit assassiné. Ainsi les hommes, les institutions et les régimes, dès qu'ils cessent de s'élever, subissent la loi des corps qui tombent, qui est celle de la chute accélérée.

Ces déchéances successives de l'idéal républicain ont donc eu déjà des conséquences graves dans l'ordre des faits. Sans nul doute, la France est une si grande personne morale, les assises de son histoire sont si larges et si solides, le mouvement qu'elle a reçu de l'Encyclopédie et de la Révolution est si puissant qu'elle reste toujours elle-même devant le monde, même sous les gouvernements qui sont le moins faits à son image, et qu'elle poursuit malgré eux le cours, cependant ralenti, de ses destinées. Elle a été, depuis un siècle, plus souvent mal gouvernée qu'aucune des autres grandes puissances de l'Europe; mais la machine administrative de l'an VIII est si admirable qu'elle a résisté jusqu'à présent à presque toutes les fautes du pouvoir, exécutif ou législatif, et le pays lui-même est si fertile en ressources de tous genres, toujours si prompt à renaître et, pour ainsi dire, si élastique qu'il suffit de quelques mois d'une bonne politique pour réparer des années d'erreurs et de misères.

Pourtant, quel que soit son rayonnement, la France n'a toujours pas repris en Europe la place qu'elle a perdue il y a vingt-cinq ans et qu'elle ne retrouvera qu'avec ses frontières; et un quart de siècle, c'est long.

Mais le mal dont souffrent les âmes est autrement profond.

Hommes d'un âge mûr, vous qui avez fait vos premières armes pour la liberté à la fin de l'Empire et qui avez fondé la République, regardez vos portraits d'il y a vingt ans et dites si vos âmes n'ont pas plus vieilli que vos visages. Rappelez-vous ce que vous étiez alors, le vin généreux qui fermentait dans vos veines et comme, dans les batailles, votre foi se tournait en joie. Vous vous sentiez alors au-dessus de vous-mêmes : qu'êtes-vous, où êtes-vous aujourd'hui ? Que vos illusions se soient évanouies, c'était dans l'ordre : mais laquelle de vos croyances avez-vous conservée intacte? Quand vous évoquez ainsi le spectre de votre jeunesse, qui ne vous quitte pas d'ailleurs et vous suit comme une ombre ou comme un remords, vous ne pouvez point ne pas envier les hommes que vous avez été : qui donc vous plaindra jamais autant que vous vous plaignez vous-mêmes d'être devenus ce que vous êtes? Il faudrait avoir vibré des mêmes espérances et de la même foi, et les générations qui vous ont suivis les ignorent. Que s'est-il donc passé? Vous êtes-vous corrompus en vieillissant? vous êtes-vous fatigués avant l'âge ? n'étiez-vous pas assez cuirassés contre la lutte? Ou bien, plutôt, la réalité ne vous a-t-elle pas infligé de trop brutaux démentis? n'avez-vous pas suivi au tombeau trop de grands cœurs, méconnus trop cruellement par le peuple? n'avez-vous pas vu sombrer trop de nobles idées? n'avez-vous pas vu trop de pauvres et basses choses? Quoi qu'il en soit, vous valez moins et quelque chose est brisé en vous qui n'était pas seulement l'ardeur du bon combat. Des prêtres qui ont perdu la foi continuent à dire la messe : ce sont toujours les mêmes paroles, la même liturgie ; mais où est l'accent? Non, vous n'attendiez point de la liberté ces fruits empoisonnés ; cette République-là n'est pas celle à qui vous étiez heureux de tout sacrifier. Vos principes les plus chers ont été à ce point faussés que vous ne les reconnaissez plus et que votre dégoût des hommes s'étend aux idées. Vous souriez des mots qui vous faisaient frissonner et, de ce qui provoquait vos saintes colères, vous parlez avec une calme philosophie.

Mais quelque desséchés que soient vos rameaux, il y a encore en eux plus de sève que dans les arbres qui ont poussé après vous. Ayant su ce qu'est la douceur de croire, comme les hommes de l'ancien Régime finissant ont seuls bien connu, paraît-il, ce qu'est la douceur de vivre, il vous est resté au moins le regret de vos croyances égarées. Ceux-ci qui vous succèdent n'ont jamais connu ces belles naïvetés. Ils sont encore de ceux dont les yeux ont vu passer la guerre et l'invasion ; mais ces yeux, qui venaient à peine de s'ouvrir, n'ont fait que regarder : ils n'ont pas compris, ils n'ont pas pleuré ; et cette émotion qui leur a manqué, qu'aucune évocation historique ne saurait faire éprouver à ces cœurs telle que nous l'avons ressentie, les a faits déjà très différents de nous. Ils ont eu ensuite la République sans avoir eu à la conquérir : comment l'aimeraient-ils comme nous l'avons aimée, nous qui avons souffert pour elle, et comme nous l'aimons encore? Quelles que soient nos déceptions, elle nous apparaît toujours avec des reflets d'idéal; pour eux, elle n'a jamais été que le régime officiel, patenté, breveté, un gouvernement comme un autre qui perçoit l'impôt, qui met son estampille sur du papier timbré. N'ayant jamais mangé le pain noir du siège, comment sauraient-ils toute la bonté du pain blanc? N'ayant jamais été exilés dans le despotisme, comment goûteraient-ils toute la douceur de la liberté? Surtout, ils sont nés vieux dans ce rajeunissement de la patrie que vous aviez rêvé. L'égoïsme a précédé chez eux l'expérience. Ils n'ont pas songé une minute à décrocher les étoiles; ils ne les ont même pas regardées. Comme ils n'ont connu que le triste réveil de vos beaux rêves, ils ont conclu qu'il est plus sage de ne pas s'exposer à pareille chute. Ils ont tout de suite calculé et pesé la réalité. Ils ont récolté la moisson que vous avez semée et ne vous en savent aucun gré. N'ayant pas souffert, ils ignorent les saintes indulgences; comme ils n'ont lutté que pour le succès, ils ne s'intéressent qu'à eux-mêmes. Leur politique a réussi à être plus sèche et plus aride que leur littérature, où pas un poète n'est né depuis vingt ans. Ils ne seraient capables de désillusion que s'il revenait des jours de foi. Ils n'ont pas un cheveu gris et ne pourraient être désabusés que du scepticisme.

Enfin, et par suite des mêmes erreurs, le peuple s'inquiète et se sent las. Il ne se demande pas quelle est sa part de responsabilité dans les fautes qui n'ont été trop souvent commises que pour lui complaire et il n'en aperçoit pas les véritables causes ; ainsi, il accuse le régime parlementaire, alors qu'il n'en a guère vu fonctionner qu'une contrefaçon ; mais il commence à être atteint dans ses intérêts et dès lors à douter une fois de plus qu'il ait choisi la bonne route. Il continue à voter pour la République, mais il a déjà failli la livrer à un aventurier du dernier ordre ; et ce n'est pas impunément qu'il a vu abaisser et délaisser des idées qui lui étaient chères, frapper d'ostracisme et salir des hommes en qui il avait confiance. Précisément parce qu'il est loyal autant qu'honnête, l'hypocrisie des délateurs ne lui répugne pas moins que les vilenies dont ils accusent leurs ennemis ou leurs rivaux ; mais ces sycophantes, qui sont presque également méprisables, n'en ont pas moins tué ou blessé ces calomniés, qui ne sont pas tous également innocents. Naturellement étranger à tout fanatisme, la fureur des haines déchaînées l'a d'abord troublé ; mais, comme il a fini par ne voir derrière les principes évoqués que des ambitions et des appétits, il a cédé au plus grand mal qui puisse atteindre une démocratie, l'indifférence en matière politique. Il regarde ainsi, sans s'émouvoir et presque sans curiosité, les médiocres convulsions d'une assemblée qui cherche dans des empiétements répétés sur le pouvoir exécutif et sur le pouvoir judiciaire une revanche à son impuissance législative. Les surenchères les plus solennelles ne lui imposent plus ; les crises qui se succèdent le distraient à peine : il s'est convaincu que le travail parlementaire est fatalement stérile et, comme la plus précieuse des égalités lui paraît l'égalité dans le favoritisme, il n'exige vraiment de ses représentants que de bien faire ses commissions auprès de l'administration et du gouvernement.

Le reste, c'est des mots, et, dans la grossièreté croissante des mœurs, surtout des gros mots. Le bruit qui se fait à la tribune lui paraît aussi inutile que celui de la mer sur les rochers. Ce bruit l'assourdit, mais ne l'intéresse pas. Très certainement, il ne respire bien à l'aise que pendant les congés des Chambres. Sa propre souveraineté, gagnée après tant de luttes, si douloureusement perdue, si chèrement reconquise, s'est dépréciée dans l'inefficacité de la plupart de ses manifestations : il vote de moins en moins; le million d'électeurs qui s'abstient ne voit plus qu'un chiffon de papier dans le bulletin qui figurait sa part de royauté. Le radicalisme, qui a presque tout décomposé, a ouvert la voie au socialisme qui menace tout, non seulement la liberté et la propriété qui en est la première forme, mais la société et la civilisation elle-même. Le pays s'en effraye, mais le virus des idées socialistes n'en pénètre pas moins un peu partout, et c'est une nouvelle cause de désagrégation. Il voit se réveiller tout un passé qu'on croyait mort et qui s'annonce comme l'avenir. Dans la confusion de toutes les idées, il cherche un phare et, tous les soirs, de nouveaux nuages voilent davantage la lumière de

Quatre-vingt-neuf qui le guidait depuis un siècle. Dans la confusion de tous les pouvoirs, il cherche l'autorité et ne la trouve pas. Faute d'un chef, il lui est déjà arrivé de subir un maître. Une lourde fatigue l'envahit. Les spectateurs des drames de la première République et ceux des guerres du premier Empire avaient été témoins de plus grandes et de plus terribles choses, mais ils n'étaient pas plus harassés à la veille de Brumaire, ni à la veille de la Restauration. L'on n'essaye plus de faire soi-même l'avenir; on attend le destin.

## VI

Nous voici donc, de nouveau, à l'une de ces heures indécises et troubles qui sont si fréquentes dans la vie de la France, heures où l'ombre qui descend est tantôt celle d'une éclipse passagère, mais parfois aussi le crépuscule du régime. Les peuples, plus ou moins heureux ou glorieux, qui nous environnent, républiques ou monarchies, ont connu, comme la France, et les vicissitudes de la fortune et aussi des générations d'inégale valeur, intellectuelle ou morale; mais ils ont fixé définitivement la forme politique qui leur convient; ils s'y tiennent, en tout cas, depuis longtemps, et, s'ils la corrigent, ce n'est que progressivement et sans à-coups.

Il suffit, au contraire, de comparer notre histoire,

depuis cent et quelques années, à celle de ces pays pour voir jusqu'à quel point nous sommes sortis dans ce siècle des conditions normales de l'existence. Nous comptons, depuis la Révolution, plus de régimes différents et de constitutions contradictoires que les peuples les moins favorisés par la longévité de leurs souverains, ne comptent de princes. Que de causes douloureuses d'infériorité dans cette seule constatation ! Aucun autre peuple n'aurait résisté à une pareille série de bouleversements et, si l'on peut dire, de perpétuels recommencements de la vie. Or, qui oserait affirmer que nous soyons rentrés enfin dans les conditions normales de l'existence ? La troisième République croit encore qu'elle est le terme ; mais tous les autres gouvernements ont cru également qu'ils avaient clos le chapitre des révolutions. Nous nous consolons de nos maux par la pensée qu'aucun adversaire sérieux ne menace le régime actuel, mais il en a été de même à la onzième heure de tous les régimes précédents. Six mois avant la Restauration, combien de Français connaissaient même de nom Louis-Stanislas-Xavier ? Les hommes qui se couchèrent, le 24 février 1848, membres du gouvernement provisoire de la République, ne réclamaient le matin, en se levant, qu'un changement de ministère. Trois mois plus tard, il suffit de quelques heures pour faire du petit point noir à l'horizon qu'était Louis-Napoléon, un immense nuage, chargé d'éclairs, qui occupait tout le ciel. Le second Empire paraissait si solide le 1er juillet 1870 que des conversions nombreuses se dessinaient dans le parti républicain et que le comte de Paris songeait à s'établir fermier et planteur en Amérique. Ce n'est donc ni le découragement des vaincus de la veille ou de l'avant-veille, ni l'absence d'un rival résolu qui doit rassurer; rien ne serait plus trompeur que cette sécurité. Il se trouve toujours un héritier. Mais ce qui doit inquiéter, c'est le mal même qui ronge le corps politique, et qui ne peut que s'aggraver s'il ne lui est pas porté remède, parce qu'il ne saurait disparaître de lui-même. Assurément, tous ces changements de système ont été accomplis brusquement, à la surprise du peuple, par voie de révolutions ou de coups d'État; mais tous aussi ont été précédés de ces crises de lassitude où les régimes qui se sentent malades s'en remettent au hasard pour les sauver, plutôt que d'entreprendre la cure courageuse qui les guérirait.

Ce qui tendrait, en outre, à prouver que nos crises politiques ne deviennent constitutionnelles et, par suite, révolutionnaires que par la faute des gouvernements qui ne se corrigent point à temps, c'est qu'aucun des régimes qui se sont écroulés n'est tombé pour avoir exagéré la politique qui était sa raison d'être, mais bien pour lui avoir été infidèle. La première République est morte des attentats qu'elle avait inaugurés contre la représentation nationale qui était sa loi vivante; le règne de Napoléon, qui s'était fondé dans une immense acclamation sur le rétablissement de la paix, a péri par la guerre; la violation de la Charte, qui était le pacte de la Royauté légitime avec la France nouvelle, a tué la Restauration; la Monarchie de Juillet, qui devait être l'union de la bourgeoisie et du peuple, est tombée pour avoir voulu écarter indéfiniment le peuple des comices réservés à la seule bourgeoisie; la deuxième République a succombé dans la nuit de décembre, mais le jour où elle plaça un prétendant à sa tête, l'Empire était fait; enfin, le second Empire n'avait pour durer qu'à garder jalousement la paix dont il avait promis d'être le symbole. La troisième République n'a-t-elle pas assuré qu'elle serait le gouvernement qui nous diviserait le moins? Ce n'est donc pas contre la doctrine constitutionnelle de ces divers gouvernements, bons ou mauvais, ou médiocres, que se sont faites les révolutions qui les ont emportés; on peut dire, bien au contraire, que ces révolutions ont été provoquées parce que ces gouvernements ont abandonné la cause qui avait fait leur force et qu'ils ont cessé, à une certaine heure, de se développer selon leur norme.

Mais, en même temps, et c'est ici qu'éclate l'inconséquence de la nation après celle des gouvernements, la France attend toujours du principe auquel elle s'est le plus récemment attachée, de la liberté comme de l'autorité, quelque chose d'absolu, c'est-à-dire d'irréalisable. On a cherché déjà, mais en vain, à la convaincre qu'il n'est pas un principe, fût-il aussi certain qu'une vérité scientifique, dont l'application ne produise nécessairement le mal comme le bien. Dès que le revers, longtemps ignoré, de la médaille lui a été montré, elle ne voit plus que ce revers, ce qui n'est pas plus raisonnable, ni plus équitable que de voir seulement l'avers de la pièce, mais ce qui est déprimant et désolant. Elle commence par s'exagérer la valeur des principes; ensuite, elle leur impute à crime les fautes des hommes qui les ont méconnus ou travestis, et jusqu'aux intempéries des saisons.

Que la liberté est belle aux jours d'oppression et de tyrannie! Elle apparaît aux yeux charmés des hommes comme une déesse rayonnante, donnant aux justes causes une voix toujours entendue, des ailes à toutes les nobles idées retenues captives. Puis arrive son règne — et ce n'est pas seulement aux justes causes qu'elle donne une voix qui retentit. Quand même elle ne dégénère pas en une licence répugnante, peut-elle faire taire le mensonge et parler seulement la vérité? Elle ne serait plus la liberté. Alors le regret du silence vient aux hommes fatigués du bruit, et ce regret devient un besoin, et voici César. Tout se tait, tout s'endort: plus de tribune, plus de presse. Mais la France n'a pas plutôt joui du silence que le désir impérieux lui revient de s'entendre parler; elle recommence à pousser des cris discordants; demain, ce sera de nouveau la tempête.

Qu'est-ce donc à dire sinon que la France manque

d'éducation politique ? Comment d'ailleurs n'en manquerait-elle pas ?

En effet, au contraire de l'Angleterre dont la politique est l'œuvre patiente d'une aristocratie qui a pris sa part du gouvernement dès le XIIIe siècle et dont la science s'est progressivement infiltrée jusqu'aux couches profondes de la nation, aucune classe de la nation française n'a été associée, sous l'ancien régime, au pouvoir qui était tout entier dans le roi. Notre plus grand malheur historique est de n'avoir pas eu d'aristocratie politique sous la royauté; l'inexpérience gouvernementale de la démocratie sous la République n'a point d'autre cause. L'alliance du roi de France et des communes contre la féodalité avait été celle de l'homme et du cheval contre le cerf de la fable : la féodalité vaincue, le roi resta botté et éperonné sur la bête, seul maître et autocrate plus incontesté qu'aucun sultan d'Asie. La seule idée de déléguer à la noblesse, ne fût-ce que dans une chambre de pairs nommés par lui, une parcelle quelconque du gouvernement de l'État, eût été repoussée comme une offre insolente d'abdication et comme un crime de lèse-majesté ; il domestiqua systématiquement la noblesse dans ses antichambres. Ne pouvant faire tout par lui-même, obligé d'avoir des ministres, il les choisit, avec une préférence jalouse, dans le clergé, la petite noblesse et la haute bourgeoisie ; mais il ne forma point de classe gouvernementale autour du trône, et la nation la plus civilisée de l'Europe, la plus instruite dans les sciences et dans les lettres, resta plus ignorante de la politique, accaparée par le seul pouvoir royal, que ne pouvaient l'être les Turcs et les Persans.

Une aristocratie politique eût-elle épargné à la France la gloire et les malheurs d'une révolution qui est l'une des trois grandes dates de l'histoire du monde, mais qui devait sombrer fatalement dans le césarisme et dont la France, après un siècle, n'a pas fini de payer le prodigieux effort? Il est probable qu'associée au pouvoir, la noblesse eût été amenée, par la force même des choses, comme en Angleterre, à céder à la bourgeoisie d'abord et puis au peuple des parts de gouvernement toujours plus larges, et qu'ainsi eût été effectué, peut-être plus tôt et peut-être aussi plus sûrement, le passage du pouvoir absolu, qui peut seul créer une nation, au gouvernement représensentatif sans lequel une nation moderne ne peut pas vivre. Peut-on refuser ce témoignage à cette aristocratie qui, bannie de la politique, a été l'asile de la philosophie d'où est sortie la Révolution? Le trône, en tout cas, ne s'écroula si facilement et si vite que parce qu'entre le peuple et lui, il n'y avait rien. Et ce tiers état, d'autre part, qui de rien était devenu tout dans l'espace d'une nuit, comment avait-il été préparé au pouvoir?

La Révolution, qui proclama la souveraineté du peuple, aperçut si clairement les périls dont l'inexpérience du nouveau souverain menaçait la jeune liberté qu'elle n'établit le suffrage universel qu'à deux degrés. Les citoyens, dans les assemblées primaires, choisissaient les électeurs législatifs qui nommaient ensuite l'Assemblée. Cette institution avait une double vertu : elle était par elle-même la condamnation du gouvernement direct ; elle eût été l'instrument même de l'éducation politique de la nation. Introduire brusquement le peuple tout entier dans la plénitude de la vie publique, c'était placer sous la statue de la Liberté une masse explosible qui éclaterait à la première étincelle habilement lancée ; la Constituante, la Législative et la Convention, qui n'était pas précisément d'esprit peureux ni rétrograde, pensèrent que l'extension du suffrage devait suivre le progrès des lumières. On sait comment cette éducation fut interrompue, à peine commencée : Brumaire demanda sa consécration au plébiscite, suffrage à la fois universel et direct, et le premier usage que fit la nation de sa souveraineté fut d'en investir un soldat. Ce n'est point dans les camps que l'on apprend la politique et Napoléon fit de la France une immense caserne ; le fantôme de représentation qui fut conservé resta à la porte du saint des saints où l'Empereur seul, pendant quinze ans, décida de toutes choses.

La Restauration et la Monarchie de Juillet eurent ainsi à recommencer l'éducation politique de la nation ; mais le système censitaire était loin de valoir, ne fût-ce qu'à cet égard, celui de l'élection à deux degrés, qui mettait en mouvement toute la nation et ne remettait pas le gouvernement aux seuls privilégiés de la fortune. Cependant, quels que fussent ses défauts et même ses vices, ce pays légal apprit très vite la politique et l'enseigna par son exemple à ses voisins immédiats. Jamais la presse ni surtout la tribune ne furent plus éducatrices que sous son règne; les députés ne représentaient que deux cent mille électeurs, mais l'âme de la France fut souvent en eux. Que ne surent-ils comprendre à temps la nécessité d'ouvrir la vie publique à ceux qui avaient appris la politique à leur école! Que ne surent-ils reconnaître que l'éducation qui se faisait autour d'eux par rayonnement, à la manière des corps lumineux, leur imposait le devoir d'étendre progressivement le suffrage! L'histoire reprochera à ce pays légal la même erreur qu'à l'ancien régime. La monarchie se perdit pour n'avoir point associé l'aristocratie à son pouvoir; la bourgeoisie, pour n'avoir point abaissé le cens et admis les capacités.

C'est Michelet qui a dit que l'entrée du paysan (et de l'ouvrier) au monde politique par le suffrage universel eut, pour premier effet, « le terrible vertige d'une grande invasion de millions de barbares[1] ». Et cette invasion en amena une autre.

Bien qu'il soit assez oiseux de chercher à refaire l'histoire, on peut donner un regret à ce que la France serait devenue si le sort lui avait permis d'arriver par

[1] *Nos fils*, p. 5.

étapes successives, au fur et à mesure du progrès de l'instruction, au suffrage universel. Ce vaste corps électoral n'eût pas été infaillible par cela seul qu'il n'aurait été investi que graduellement du droit de vote; mais il aurait été naturellement rebelle à la direction du pouvoir alors que le suffrage universel, décrété prématurément, sans transition et, en fait, sans que le peuple l'eût demandé, commença par se donner un maître dont il enregistra les ordres pendant près de vingt ans. Il aurait connu ensuite, par son propre exemple, que le progrès utile se fait par l'évolution lente et que les créations improvisées dans l'espace d'une nuit sont fugitives commes des rêves. Il y a plus de facilités et moins de périls dans la vie pour l'homme qui aborde la lutte après y avoir été préparé, que pour celui qui est condamné à s'instruire en combattant. Il n'y a pas d'autre différence entre le suffrage universel graduellement conquis et le suffrage universel soudainement proclamé, mais cette différence est celle de la science et de l'ignorance, de la lumière et de l'ombre.

## VII

A première vue, il semble contradictoire de signaler à la fois, parmi les causes du mal présent, l'éducation insuffisante de la démocratie et l'abaissement de l'idéal politique. Cependant ces deux causes se tiennent étroitement. C'est l'ignorance des réalités qui exagère d'abord les espérances, et c'est une fausse sagesse qui bannit ensuite de la vie des peuples les grandes ambitions et les hautes pensées.

Les espérances, surtout les espérances politiques, quand elles sont tout ensemble disproportionnées aux forces de ceux qui les conçoivent et contraires, par certains points, à la nature des choses, n'ont pas seulement le tort d'être irréalisables, mais encore celui de conduire à de promptes désillusions. Cette première rencontre avec la réalité est ainsi périlleuse entre toutes, parce que cette première défaite a l'amertume de la première grande douleur et que cette première expérience est aussi superficielle que triste ; la plupart des hommes ne vont pas plus loin, qu'il s'agisse de la vie intime ou de la vie publique. Ils reculent, si l'on peut dire, devant l'expérience de l'expérience ; ils ont vite fait de maudire le rêve qui les a fait souffrir, de se résigner à la vulgarité, de s'enfermer dans une indifférence railleuse pour tout ce qui n'est pas l'intérêt, de mépriser toutes les grandes pensées comme si elles n'étaient que des mots sonores. L'illusion, en s'envolant, emporte la foi. Pourtant, il suffirait de regarder la leçon des faits plus attentivement, de plus près et plus longtemps pour ne sacrifier de ces croyances que la part inévitable d'illusion qui est en elles.

On répond que c'est l'illusion qui fait la douceur des plus belles espérances. Dépouillées de ce duvet charmant, elles n'ont plus que l'austère beauté de la vérité. Mais cette beauté sévère, c'est encore la beauté, alors que le reste ne peut être que laideur, trivialité et bassesse.

Nous sommes ainsi faits, dès que nous avons au cœur des aspirations un peu supérieures aux vulgaires désirs, que nous voudrions la nature autre qu'elle n'est. La plupart des idéalistes sont des parents plus ou moins éloignés de la princesse du conte (est-il indien ou persan ?) qui disait que le monde serait bien plus joli si le ciel était rose et si les arbres étaient bleus. Elle commença par en pleurer ; puis, quand elle eut constaté qu'elle n'y pouvait rien, elle prit son parti du ciel bleu, malgré les nuages qui le couvrent souvent, et des arbres verts, malgré l'hiver qui les dépouille de leurs feuilles, et elle s'en trouva bien. Il faut donc s'accommoder du monde tel qu'il est. Ce monde renferme encore d'assez belles choses auxquelles il serait stupide et fou de renoncer parce qu'elles ne sont pas aussi belles que nous l'aurions voulu.

C'est pourtant ainsi que notre temps a été conduit à renier les croyances de sa jeunesse, parce que les objets de sa foi n'ont pas répondu à toute son attente, et à s'enfoncer dès lors dans un réalisme brutal qui risque d'être l'irrémédiable décadence. Il n'y a rien qui serve plus dangereusement l'égoïsme, la paresse et la lâcheté des individus ou des sociétés que les déclamations sur la vanité des choses. La parole la plus malfaisante qui ait été prononcée depuis l'origine du monde est celle de l'Ecclésiaste : *Vanitas vanitatum*... Si tout est vanité, l'action est inutile comme le reste ; même l'inertie du fakir vaguement perdu dans la contemplation de son nombril ou du nirvâna est encore une concession à quelque chose qui ne serait pas une vanité. La conclusion naturelle de cette désillusion sans remède est le suicide, et ceux qui s'en laissent pénétrer se condamnent en effet au suicide, non pas à celui du corps, dont quelques logiciens ont seuls le courage, mais au suicide plus commode et moins douloureux de l'âme. Dès que la néfaste parole a contaminé un cerveau, il fait le tri parmi les prétendues vanités : il répudie toutes celles qui sont nobles et la bête débridée se précipite vers les plus vulgaires. Individu, il renonce à l'amour et se plonge dans la débauche ; peuple, il renonce à la gloire ou à la liberté et n'a plus d'ambition que le bien-être.

Les sociétés démocratiques sont particulièrement sensibles à ces déclamations ; leur nature même les éloigne des entreprises dont le résultat n'est pas un bénéfice palpable ; elles ne sont que trop heureuses d'entendre une prétendue sagesse traiter la gloire militaire de fumée et toutes les aspirations désintéressées de chimères. Il est nécessaire de faire sa part à l'inaccessible ; mais tout ce qui est élevé n'est pas hors d'atteinte : il faut seulement plus de patience et plus de courage pour y arriver et il est évidemment plus facile de se jeter sur ce qui est à la portée de la main. Ce qui se trouva d'abord à la portée de la démocratie triomphante, ce fut le pouvoir et ses nombreuses dépendances ; mais comme tout le monde ne peut pas être fonctionnaire ni même ministre, le gros de l'armée voulut avoir aussi quelque chose de tangible pour sa récompense. Le peuple, qui depuis si longtemps ne partait en guerre, chez lui ou chez les autres, que pour des idées, n'eut plus que des volontés et des ambitions matérialistes. Non point que toutes ses volontés soient blâmables ; si quelques-unes sont criminelles ou insensées, d'autres, au contraire, sont justes et la recherche d'un plus large bien-être n'a rien en elle-même que de légitime. Mais quand l'activité de la pensée est concentrée tout entière sur des intérêts exclusivement positifs, il arrive nécessairement que l'être moral en souffre quelque diminution. C'est ainsi la fonction sociale des religions de détacher de la terre, ne fût-ce que de temps à autre, les âmes croyantes. Une très prompte dissolution des forces morales, qui sont les véritables forces vives du pays, devient inévitable si quelque grande idée ne surgit à temps pour soulever les hommes. Or, toutes nos grandes idées se sont voilées, à commencer par la plus belle, celle qui semblait devoir être l'âme de la République, la reprise de nos frontières. La partie est facile alors pour le socialisme, qui n'est que le déchainement de tous les appétits d'en bas. La haine naît de l'envie, la peur répond à la haine ; c'est aujourd'hui l'anarchie, ce sera demain le despotisme.

La question qui se pose à la France est donc de savoir si, passé la première amertume qui lui est venue du gouvernement libre qu'elle essaye depuis un quart de siècle, elle est encore assez forte et assez maîtresse d'elle-même pour revenir, non pas à tel autre idéal, mais à son idéal primitif, dégagé cette fois, au contact de la réalité, des illusions dont le mécompte est la cause principale des maux présents. Ces mécomptes lui eussent été épargnés, — comme ils l'ont été à l'Angleterre dont l'éducation politique a été faite systématiquement et progressivement, — si sa cruelle et glorieuse destinée ne l'avait condamnée à faire la sienne comme on apprend à devenir forgeron. A-t-elle assez forgé pour pouvoir enfin diriger sur l'enclume des coups mesurés et bien réglés ? Il nous est ordonné de garder en elle une sainte confiance. Hélas ! si elle n'avait pas encore assez forgé, le jour serait proche où elle remettrait le marteau à un sauveur.

Un régime qui périt dans un coup de force, alors même que le succès de l'après-midi de Brumaire ou de la nuit de Décembre n'a été rendu possible que par sa propre faute, conserve des chances nombreuses de renaître quand il tombe en pleine vie. On peut dire des régimes comme des hommes : Heureux ceux qui meurent jeunes ! Alors, en effet, ils ne meurent pas tout entiers. Ils ont commis des erreurs, des folies et même des crimes; mais ils avaient encore devant eux, en raison même de leur brève existence, de grandes ambitions et de vastes espérances. Ces espérances entrevues leur survivent; ces ambitions ébauchées les justifient. Comme le temps a manqué à ce régime mort jeune pour courir toute sa chance, mille hypothèses sont possibles : il se serait corrigé et transformé; que n'eût-il fait s'il n'avait été assassiné? Il ne perd ainsi que le présent et garde intacte, au fond du tombeau, sa part d'avenir. La légende a vite fait de fleurir sur cette tombe prématurée qui sera demain un berceau. La jeunesse est si belle chose que, fauchée avant l'heure, elle évoque, non l'idée de la mort, mais celle du sommeil. Ces gouvernements qui n'ont fait que passer et n'ont pas dit leur dernier mot, ne meurent jamais dans les âmes de ceux qui les ont aimés, qui ont lutté pour eux ou qui ont été seulement illuminés de leurs rayons. Il y a là une force dont tout le monde sent qu'elle est destinée à reprendre corps un jour ou l'autre. Quelle force? Une force morale, la divine légende.

Imaginez maintenant un régime qui mourrait à un âge avancé, même dans quelque coup d'Etat ou dans quelque révolte, mais après avoir épuisé lui-même ses sources de vie. Il est d'ailleurs superflu de faire un effort pour imaginer un régime ainsi vieilli et usé; l'histoire en offre plus d'un exemple : voici quelle a été son agonie. Comme il a vécu longtemps, ses fondateurs, qui incarnaient sa pensée, sont tous morts avant lui; la plupart, puisqu'il s'agit d'un gouvernement qui a fait fausse route, ont été cruellement méconnus, récompensés de leur vertu par l'ingratitude, tués par la calomnie bien avant d'être cloués dans le cercueil. Ceux de leurs successeurs qui ont suivi leurs traces parlent un langage qu'on n'entend plus, et ceux qui ont abandonné leur exemple ne représentent plus rien de l'ensemble d'idées qui était la raison d'être du régime. Quand, en même temps, par suite d'un vice originel de la constitution ou, plus simplement, de fautes trop souvent répétées, toutes les espérances conçues à l'origine du système ont tourné en des déceptions qui semblent définitives, ce n'est pas seulement la mort qui paraît à l'horizon. Il y a pour un régime quelque chose de pire que la mort : c'est la faillite. Il faudrait accuser, dans la plupart des cas, non pas le système même, mais ceux qui l'ont corrompu. Par malheur, l'esprit du peuple est simpliste. S'il a adopté telle ou telle forme de gouvernement, ce n'était pas d'une croyance raisonnée : le peuple croit, parce qu'il croit, comme on aime, parce qu'on aime; et il cesse de croire comme on cesse d'aimer. Après une phase plus ou moins prolongée de scepticisme, il est tout prêt, même à son insu, pour le système contraire à celui qui règne encore. Ce régime vieilli ne croit pas davantage en lui-même, à ses propres doctrines, à sa propre efficacité. Il n'a pas usé que ses serviteurs, il a usé son principe. Il proclame encore dans les cérémonies officielles qu'il est la vérité, mais il a conscience qu'il n'est plus qu'un syndicat d'intérêts et d'égoïsmes. Il est investi d'un pouvoir moins contesté cent fois qu'à aucun autre moment de son histoire; mais il se sent impuissant. Le parti, à compter tous ceux qui portent l'étiquette, n'a jamais paru plus nombreux; mais il n'a plus d'âme. Vous avez vu de ces momies d'Égypte si bien embaumées qu'elles semblent vivantes; poussez-les, elles tombent en poussière. Le destin lui a offert mille chances de réparer ses fautes, de se corriger, de ressaisir la confiance publique; il les a toutes laissées échapper. Il était fondé sur la persuasion; il emploie, pour se maintenir, la force et la menace, la violence et la terreur. Ainsi dénaturé et avili, il frappe d'ostracisme toutes les intelligences un peu fières; la démagogie pourra devoir une heure de triomphe à la surexcitation des haines et de l'envie, au leurre de quelque régime fiscal qui ne frappera que les riches et qui, tuant la richesse, ruinera tout le monde. Mais rien n'y a fait : comme il a perdu la foi en lui-même, il est voué à la mort ; et cette mort, même violente, paraîtra la fin méritée d'une lente désorganisation, de l'empoisonnement de tout l'organisme par un sang irrémédiablement vicié. Il meurt donc, mais après avoir tué lui-même toutes les espérances, jusqu'à la dernière, de gloire ou de liberté, d'ordre ou de progrès, que le peuple avait fondées sur lui, après avoir tué d'avance sa légende elle-même. Quelle chance lui reste-t-il alors de renaître?

Il serait excessif de dire qu'il ne lui en reste aucune, parce qu'un régime représente toujours un principe et qu'on a eu beau le vicier ou le fausser, le principe même est immortel. Mais il est certain qu'il faudra un nombre considérable d'années pour que le Verbe redevienne chair.

Le plus grand malheur qui puisse atteindre un régime, c'est donc de perdre sa poésie. Ce n'est pas impunément qu'un gouvernement ou qu'un parti pèche contre le bon sens ou contre le droit, ou contre la nature des choses humaines ; toutes les fautes se payent et il n'en est aucune qui se répare facilement. Mais qu'un régime quel qu'il soit se garde surtout de compromettre ce qui a fait sa force dans les âmes, c'est-à-dire l'ensemble des belles idées qui constituent une grande cause, qui provoquent de beaux élans, qui enflamment les courages, qui font supporter allègrement l'adversité, qui inspirent le dévouement, pour qui l'on est prêt à donner sa vie, qui obligent les adversaires eux-mêmes au respect. C'est cet idéal qui lui a valu la victoire contre le système dont il a pris la place et qui semblait inexpugnable, ayant pour lui tout l'énorme appareil de la puissance publique. C'est au déclin de cet idéal pâlissant que s'est mesuré ensuite son affaiblissement propre. Il peut arriver qu'un peuple, fatigué de révolutions, ne demande au gouvernement de son choix que de satisfaire à ses besoins. Mais ce peuple même ne vit pas que de pain, et le gouvernement, même le plus fort, ne tardera pas à se repentir de n'avoir pas donné à l'âme populaire la pâture plus noble dont elle avait paru ne pas se soucier et dont elle ne saurait cependant se passer.

Il serait assurément difficile de définir d'une manière précise cette poésie politique. Ces deux mots de poésie et de politique semblent mal faits pour s'accorder, mais ce n'est point qu'ils soient inconciliables : c'est seulement que la réunion en est rare.

Cette poésie est surtout un appel, sinon constant, du moins fréquent aux sentiments élevés et aux pensées généreuses qui, même aux époques les plus épaissies, ne sont pas étrangères à la démocratie la plus réaliste, car l'âme d'un peuple est autre chose que la moyenne des âmes de tous les citoyens. On peut s'en convaincre au théâtre où les plus sceptiques s'unissent aux plus grossiers pour acclamer les passions héroïques. Elle consiste encore en une certaine allure qui, surtout chez une nation de tradition latine, plaît aux imaginations et les tient en haleine. Cette poésie, sans doute, pour qu'elle soit vraiment éloquente et pénétrante, il faut l'avoir en soi. Mais alors même que l'on ne l'aurait pas naturellement en soi, l'étude un peu attentive de l'histoire en commanderait la pratique. Un pape a pu traiter Napoléon de tragédien et même de comédien : prodigieux artiste, en effet, mais parce que nul n'a su lire plus avant que lui dans l'âme française : l'apparence qu'il donnait aux choses en doublait la grandeur et ses plus belles victoires eussent paru moins éclatantes, elles rayonneraient moins vivement dans la légende, s'il n'avait pas eu toujours le souci de leur imposer les plus beaux noms.

Aussi bien suffit-il de regarder les époques qui ont cru pouvoir se passer d'idéal. Rien, dans l'histoire, n'égale leur écœurante et désolante laideur. Le régime qui ne veut plus être pour son parti qu'un gras pâturage devient un marais. Tout s'abaisse, tout s'avilit; l'air est méphitique; c'est un pullulement ignoble d'appétits et de haines; toute décadence commence ainsi. Mais qu'une grande idée traverse l'air, aussitôt les brouillards se dissipent, le ciel réapparaît clair et bleu au-dessus des têtes, les cœurs se dilatent, les poumons respirent, et la vie renaît. Si vous voulez que la liberté vive, il ne suffit pas de ramener dans le gouvernement des affaires publiques le bon sens, la raison et la sagesse; il ne suffit pas d'écouter à nouveau les leçons de l'expérience; il ne suffit pas encore de rétablir l'ordre dans les esprits et l'harmonie dans les institutions : il faut revenir à la poésie de la République.

ÉVREUX, IMPRIMERIE DE CHARLES HÉRISSEY

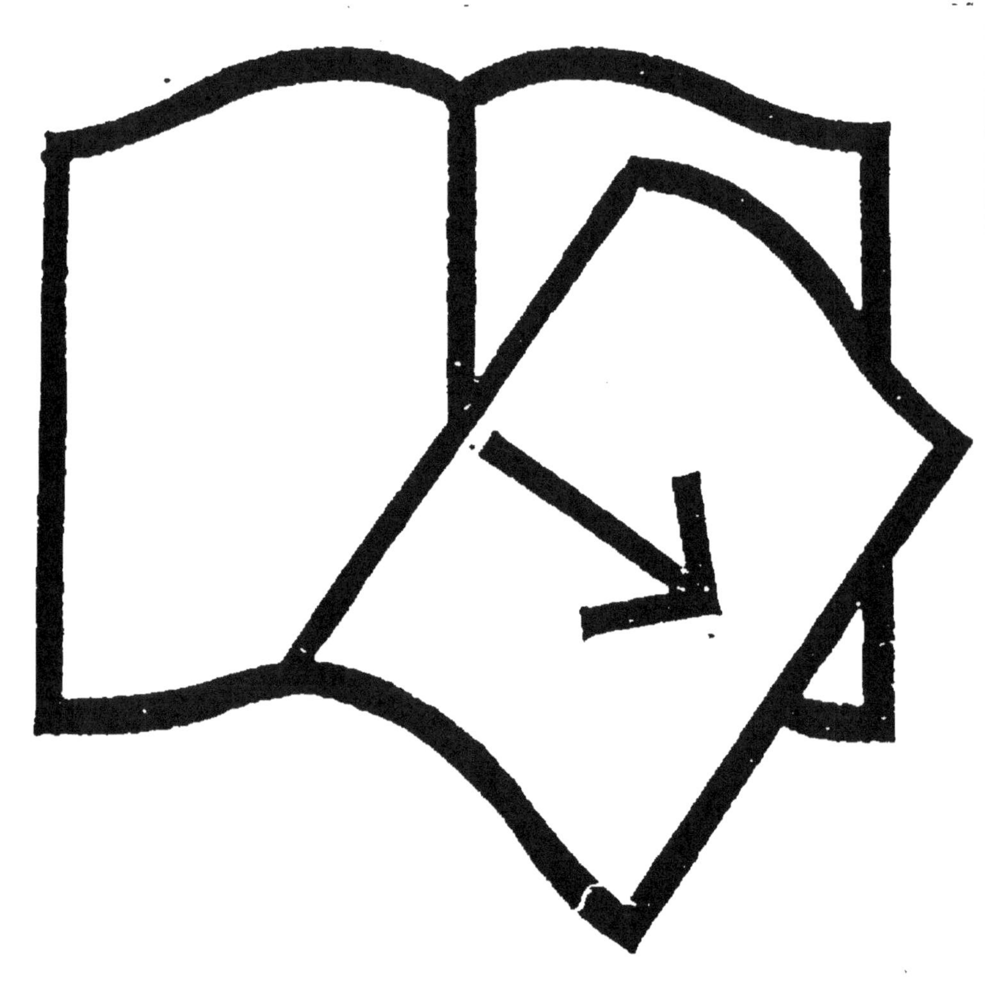

Documents manquants (pages, cahiers...)

NF Z 43-120-13

www.ingramcontent.com/pod-product-compliance
Lightning Source LLC
LaVergne TN
LVHW010059230826
846091LV00005B/2000

* 9 7 8 2 0 1 3 3 8 0 2 2 5 *